Brooke Newman
Die kleine Seeschwalbe

SERIE PIPER

Zu diesem Buch

Als die kleine Seeschwalbe von einem Tag auf den anderen das Fliegen verlernt, hat das Leben keinen Sinn mehr für sie. Der Schwarm ihrer Gefährten zieht ohne sie weiter und läßt sie alleine zwischen den weiten Dünen und der endlosen Brandung zurück. Doch die kleine Seeschwalbe findet neue Freunde: den Krebs, die Blume, einen Stern am Nachthimmel und einen Schmetterling. Sie alle zeigen ihr Dinge, die sie nie wahrgenommen hat – bis die kleine Seeschwalbe versteht, daß gerade in den vermeintlichen Schwächen unsere wahren Stärken liegen können, daß jedes Geschöpf seine Aufgabe im Universum und seinen Wert hat. Die wundervoll illustrierte Geschichte der kleinen Seeschwalbe lehrt uns, sich selbst und die Menschen, die einem wichtig sind, trotz aller Fehler anzunehmen. Und sie macht Mut, die Vielfalt der Welt jeden Tag neu zu entdecken.

Brooke Newman hat mehrere Sachbücher, Kurzgeschichten und Theaterstücke geschrieben. Mit ihren vier Kindern und zwei Hunden lebt sie teils in den Bergen von Colorado, teils auf Cape Cod.
Lisa Dirkes ist Malerin und lebt mit ihrem Mann und fünf Kindern in Massachusetts.

Brooke Newman
Die kleine Seeschwalbe

Wie du deine Schwächen in Stärken verwandelst

Aus dem Amerikanischen von
Dora Scheinfeld

Mit farbigen Illustrationen von
Lisa Dirkes

Piper München Zürich

Ungekürzte Taschenbuchausgabe
1. Auflage August 2002
2. Auflage Dezember 2002

erschienen im Verlagsprogramm Kabel
Umschlag/Bildredaktion: Büro Hamburg
Isabel Bünermann, Julia Martinez, Charlotte Wippermann
Umschlagabbildung: Lisa Mann Dirkes
Satz: Kösel, Kempten
Druck und Bindung: Clausen & Bosse, Leck
Printed in Germany ISBN 3-492-23608-1

www.piper.de

Die kleine Seeschwalbe

Diese Bilder widme ich meinen Eltern und meiner Schwester Karen, meinem Mann Jimmy und meinen Kindern Christopher, Hilary, Fred, Jimmy und Maggie, die mich behutsam Liebe und Wahrhaftigkeit gelehrt und meinem Leben neuen Sinn und Freude gegeben haben.

Und dem Andenken an meine liebe Freundin Shelley.

Lisa Dirkes

Für meine Kinder Joey, Blue, Samantha und Nikos, die mir beigebracht haben, das Unerwartete schätzen zu lernen, und für Mark, der mir Mut gemacht hat, stets gerade auf das Unerwartete gefaßt zu sein. Und nicht zuletzt für Huxley und Fleury, meine beiden Wanderbegleiter.

Brooke Newman

„Grinse-Katze“, begann sie ein wenig zaghaft …
„Würdest du mir bitte sagen, welchen Weg ich von hier aus nehmen soll?“

„Kommt ganz darauf an, wohin du gehen möchtest“, antwortete die Katze.

„Es ist mir gar nicht so wichtig, wohin“, sagte Alice.

„Dann spielt es auch keine Rolle, welchen Weg du nimmst“, sagte die Katze.

Lewis Carroll, „Alice im Wunderland“

Diese Geschichte handelt von einem Vogel, der nicht fliegen konnte. Sie ist weder wahr noch unwahr, denn sie ist wie eine Reise, die in unserer Phantasie stattfindet und die die Landschaft um uns herum abbildet. Sie handelt davon, wie man das, was bereits da ist, wieder neu entdecken kann.

Die Geschichte
der kleinen Seeschwalbe –
von der kleinen Seeschwalbe
selbst erzählt

Ich kam auf die Welt zu der Jahreszeit, wenn das Meer allmählich wärmer wird und das Tageslicht täglich weiter in den Abend hineinreicht. Ich flog aus Instinkt, etwas, das einfach so passiert, so wie im Herbst die Blätter ihre Farbe verändern. Die Stunden, in denen ich wach war, verbrachte ich damit, über dem grünblauen Ozean zu kreisen und darauf zu warten, irgendwo unter mir im Wasser auch nur die Andeutung eines Schattens zu erspähen.

Meine Tage an diesem Küstenstreifen waren einfach herrlich, und als die Luft kühl wurde, folgte ich den anderen Seeschwalben und zog mit ihnen nach Süden, in die Wärme. Unser langer Flug war mit Umsicht geplant von einer Macht, die größer war als wir selbst. Tief in unseren Herzen war die Richtung vorgegeben, in unserer Seele hatten wir eine innere Uhr, und so wußten

wir unser Ziel, wo wir uns eine Zeitlang aufhalten würden. Und dann, auch das wußten wir instinktiv, brachen wir erneut auf und kehrten in den Norden zurück. Das Leben war schön, und ich nahm es ganz selbstverständlich hin.

Aber von einem Tag auf den anderen wurde alles anders. Ich konnte nicht mehr fliegen, und mein Leben änderte sich von Grund auf. Tags zuvor war ich noch geflogen, doch plötzlich konnte ich es nicht mehr.

Wenn etwas kaputtgeht, dann muß man es reparieren, also begann ich sofort, mich selbst nach defekten Teilen zu untersuchen: Flügel, Federn, Krallen und Schwanz. Ich überprüfte alles nicht nur einmal, sondern immer wieder. Doch nichts schien defekt zu sein oder zu fehlen. Ich konnte nicht das kleinste Stückchen entdecken, das heil gemacht oder repariert werden mußte. Ich überlegte mir, daß manche Dinge – wie etwa Flügel – äußerlich kaputtgehen und andere im Inneren.

So kam ich natürlich zu dem Schluß, daß sich das, was kaputt war, im Inneren befinden mußte.

Der Schwarm meiner Artgenossen betrachtete mich neugierig, und nachdem sie herabgesegelt und sanft gelandet waren, standen sie um mich herum und wollten wissen, warum ich nicht flog. Statt ihnen ganz einfach die Wahrheit zu sagen – die ich selbst nicht kannte –,

dachte ich mir ausgeklügelte Erklärungen aus. Mit der Zeit entwickelten diese Erklärungen ihr Eigenleben. Ich malte den anderen die tollsten Strandabenteuer aus und erzählte ihnen von kostbaren Edelsteinen, die ich im Sand gefunden hätte. Meine Geschichten waren zwar sehr lebendig, aber komplett erlogen.

So fing meine ganz besondere Reise an.

Die Reise

Ich bin eine kleine Seeschwalbe.
Auf englisch: Little Tern.
Auf französisch: Sterne Naine.
Auf italienisch: Fraticello.

Ich bin dort zu Hause, wo das Meer auf den weichen weißen Sand trifft, wo die Dünen aus dem Strand emporragen, um die Wolken zu berühren, wo limonengrünes Strandgras den Fuß der Dünen umgibt und sich im Rhythmus des Windes wiegt. Ich wohne da, wo der Nebel sanft die Küste entlang wabert, so dick und grau, daß man in jede Richtung nur ein paar Schritte weit sehen kann.

Ich lebe an den Stränden und in den Dünen, wo die ganze Nacht und bei Nebel auch tagsüber das Nebelhorn im Leuchtturm seinen dumpfen Ton aussendet, um die Fischerboote auf See zu warnen. Das Horn hat die Aufgabe, die Boote auf dem Wasser an die Untiefen zu erinnern, wo kleine Boote ebenso wie gewaltige Dampfer vor allem bei Ebbe auflaufen könnten. Nicht wenige Schiffe sind diesen Sandbänken schon zum Opfer gefallen

und haben wegen des Nebels und wegen der Schlechtwetterstürme ihre Mannschaft verloren.

Hinter den Dünen fängt eine weiche Wiese mit Preiselbeersträuchern, Hagebuttenbüschen und Zwergeichen an.

Während dieser Zeit in meinem Leben, die ich an den Stränden und in den Dünen verbrachte, sammelte ich Farben, Gedanken und Träume.

Bei Nacht beobachtete ich, wie der Himmel sein magisches Zwielicht entfaltete. Die Sterne waren Gefährten für mich, und manche wurden während dieser Jahre zu guten Bekannten. Der letzte Stern, dem ich begegnete, stand in der nordöstlichen Ecke am Firmament. Er begann herabzufallen, wie Sterne es manchmal tun, hielt kurz inne, taumelte dann weiter und hielt wieder kurz an. Ich fragte mich, warum dieser Stern wohl so wankelmütig war.

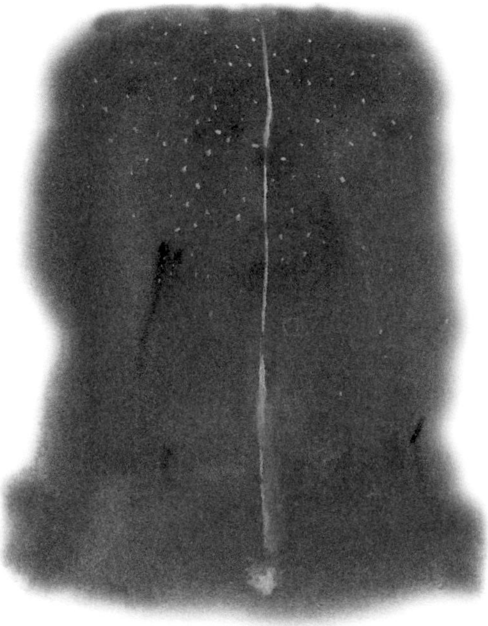

Ich fragte ihn: „Stern, wieso bist du so wankelmütig?"

Und er blickte herab, entdeckte mich sofort, wie Sterne das ja so leicht können, und antwortete: „Wankelmütig? Redest du mit mir?"

„Ja, allerdings. Ich habe dich beobachtet, wie du gefallen bist und angehalten hast und dann wieder gefallen und wieder stehengeblieben bist."

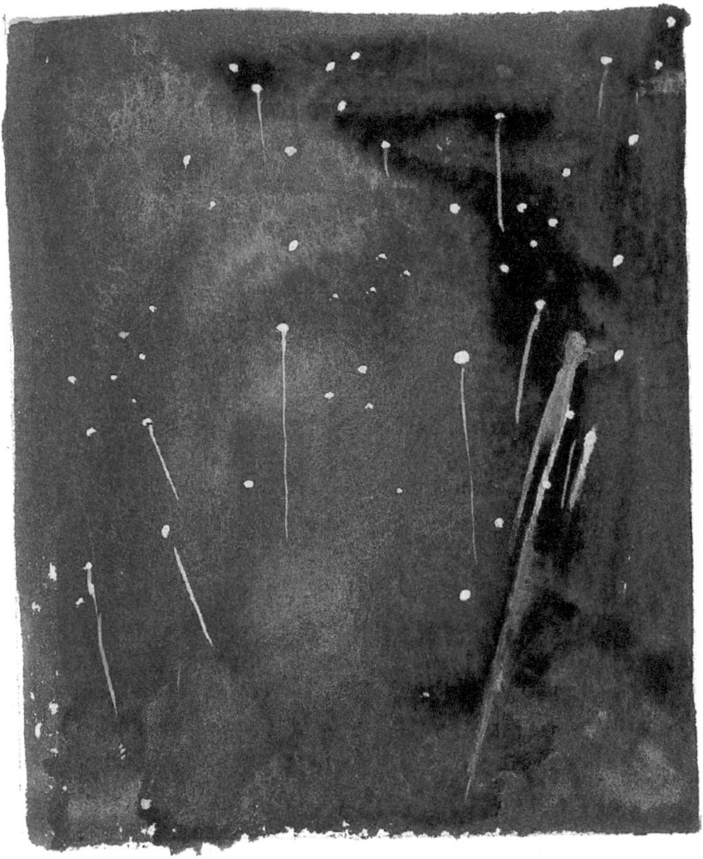

„Ach so, das. Ja, das ist Absicht. Es ist meine Aufgabe, nach den anderen Sternen zu sehen."

„Stimmt das?"

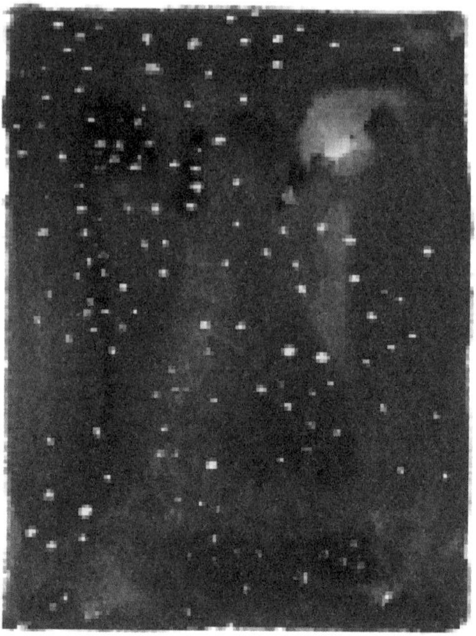

„Ja, und es ist keine ganz leichte Aufgabe. Man braucht gute Augen und viel Geduld, denn es gibt viele Sterne, und sie bewegen sich gerne hierhin und dorthin. Sterne ändern sich im Lauf der Jahre, und ein Stern, der vor einer Million Jahren noch so ausgesehen hat, sieht heute möglicherweise ganz anders aus. Es ist eine zeitraubende Beschäftigung, und sie setzt die Fähigkeit voraus, immer wieder anzuhalten und wieder von neuem aufzubrechen", sagte der Stern.

„Was fängst du mit den Informationen über die Sterne an?"

„Wie meinst du das?"

„Was für einen Zweck verfolgst du damit, die Sterne zu kontrollieren?"

„Zweck?"

„Ja, Zweck", wollte ich wissen.

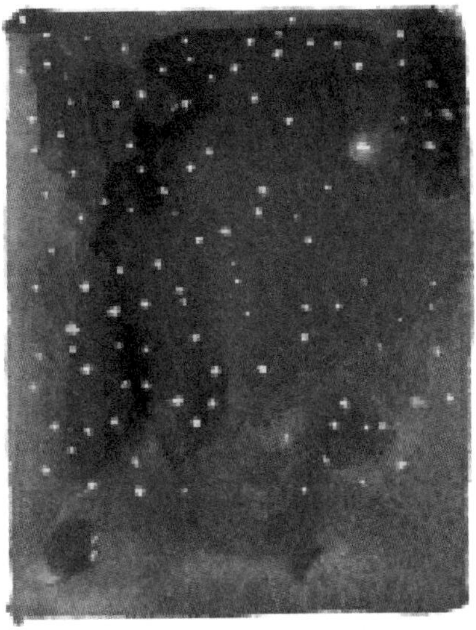

„Zweck", grübelte er, „na, ich denke, der Sinn besteht darin, ein Stern zu sein, wie ein Stern zu leben und die Pflichten eines Sterns zu erfüllen."

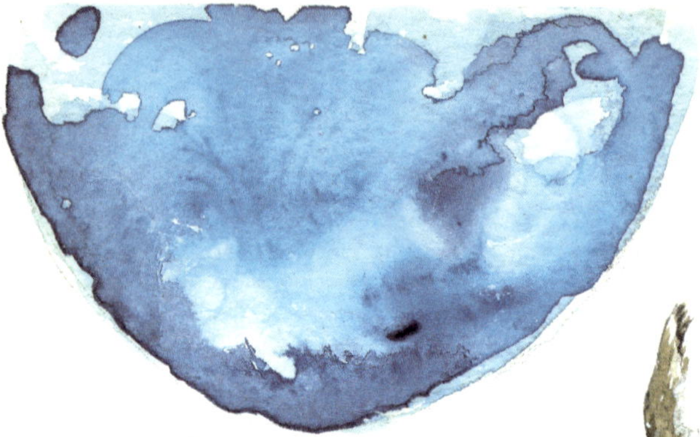

„Und die Vögel?"

„Auch Vögel müssen einem bestimmten Zweck dienen. Die Aufgabe eines Vogels ist es, ein Vogel zu sein, sich über die Erde zu erheben, den Himmel zu überwachen und über das Meer zu schweben. Ein Vogel muß vor allem einen freien Geist besitzen."

„Wirklich?"

„Ja, ganz bestimmt", sagte der Stern und verschwand in der dunklen Nacht.

Ich sah den Stern noch sehr oft, aber weil ich wußte, wie beschäftigt er war, beschloß ich, ihm keine weiteren Fragen zu stellen. Ich dachte über das nach, was er gesagt hatte, und wurde von schweren Selbstzweifeln geplagt, weil ich mir selbst die Frage stellen mußte, ob ein Vogel, der nicht fliegen kann, überhaupt noch ein Vogel ist.

Und wenn kein Vogel, was war ich dann? Ich war weder ein Nilpferd noch ein Nashorn, ich war kein Mensch und keine Mücke, keine Schlange und auch keine Ratte.

Ich beschloß, daß diese seltsamen Schicksalswendungen ihren eigenen Sinn haben mußten, und behielt den Satz über den freien Geist in Erinnerung. Vielleicht konnte ein Vogel ja trotzdem ein Vogel bleiben, ganz egal, wo auf diesem Planeten er sich befand. Ein Stern, der zu Boden fällt, ist und bleibt schließlich auch ein Stern, sinnierte ich.

Fünfmal gingen der Winter, der Frühling, der Sommer und der Herbst so ins Land.

Mit der Zeit wurde ich ein scharfer Beobachter des Himmels und der zarten Küstenlinie, der Brandung. Ich schenkte der Brandung ebensoviel Aufmerksamkeit wie meine Artgenossen den Schatten auf See. Ich kannte den Ort, an dem das Land, das Meer und der Himmel sich treffen, genau. Bei Tag und bei Nacht lauschte ich auf die Wellen, die sich auf dem nassen Sand brachen.

Nie gab ich die Hoffnung auf, daß ich eines Tages aufwachen und wieder fliegen können würde, und unablässig blickte ich in den Himmel, obwohl ich an Land lebte.

Eines Tages erblickte ich eine Blume, die im Sand wuchs. Es ist ungewöhnlich, daß im Sand eine Blume wächst. Wer würde erwarten, daß eine wunderschöne purpurfarbene Blume einfach so im Sand gedeiht?

Aber nichtsdestotrotz war sie da und strafte alle Vernunft Lügen. Ich spazierte langsam zu der Blume hinüber und begrüßte sie. Die Blume antwortete nicht.

Ich hatte nicht wirklich erwartet, daß sie antworten würde, aber da sie einen so ungewöhnlichen Anblick im Sand bot, dachte ich, daß sie vielleicht noch mehr Außergewöhnliches konnte. Ich stand ziemlich lange neben ihr und wartete.

Die Blume war wunderschön, und als eine laue Brise den Strand entlangwehte, bewegte sie sich sanft im Wind.

Und später, als gegen Abend der Nebel aufzog, trank die Blume die Feuchtigkeit des Nebels. Und noch später in dieser Nacht, als die Luft kühl wurde, zog die Blume ihre Blütenblätter ein und ging schlafen. Ich bewachte sie die ganze Nacht – klein, zart und unschuldig, wie sie war, schien sie mir in Gefahr zu sein.

Morgens betrachtete ich die Blume, wie sie ihre Blütenblätter entfaltete und den wärmenden Sonnenstrahlen entgegenreckte. Auch ich streckte mich und genoß die Wärme der Sonne.

Diese purpurne Blume hier am Strand ist wunderschön, dachte ich. Es wäre toll, wenn es noch mehr davon gäbe, aber es ist schon wundervoll genug, daß diese eine hier ist. Eine ist gut. Eine wunderschöne purpurne Blume ist gut.

Ich achtete auf Unterschiede und beobachtete Kommen und Gehen der Gezeiten.

Ich fand Überbleibsel und vergessene Schätze am Strand, vor allem während der Sommermonate. Salzcracker, Kekse, Pfirsiche, Rosinen, Chips, Äpfel. Eimerchen, Geschirr, Hefte, Stifte, Drachen, Luftballons.

Vieles brachte ich an meinen kleinen Zufluchtsort am Fuße der Dünen.

Ich sammelte Geschmäcker, Gerüche, Stoffe, Wörter, Träume und Gedanken und vermengte sie wie ein Maler, der viele Anblicke, Szenen und Gefühle mischt. Dabei kam mein ganz persönliches Kaleidoskop heraus, das meine Tage und Nächte viel schöner machte. Und wenn ich mich einsam fühlte, besuchte ich meine Blume.

Die Zeit verging langsam.

Ich konnte die purpurne Blume zwar besuchen, aber wir unterhielten uns nie, und nach einiger Zeit sehnte ich mich nach einem Freund. Ich wollte den Wert meiner Freundschaft mit der wunderschönen Blume nicht geringschätzen, aber eine Blume bleibt nun mal eine Blume, und ich wünschte mir eine andere Art von Freund.

Ich dachte, es müßte ein sehr ungewöhnliches Lebewesen sein, das mit einem so komischen Vogel wie mir befreundet sein wollte, und deshalb schlug ich mir den Gedanken wieder aus dem Kopf. Was keine gute Idee war, denn inzwischen weiß ich, daß es sehr schwer ist, das, was du willst, zu bekommen, wenn du es aus deinen Gedanken verbannst.

Kurz nachdem ich über mein Bedürfnis nach einem Freund nachgedacht hatte, passierte etwas Verblüffendes.

Es war bei Tagesanbruch, wenn die Dunkelheit dem Tageslicht weicht und die Sonne weit weg, am Horizont über dem Meer, aufgeht. Ich hatte der purpurfarbenen Blume einen guten Morgen gewünscht und ging über den Strand zur Brandung, als ich plötzlich einen kleinen

Taschenkrebs bemerkte, der bewegungslos am Rande des Wassers verharrte.

Daß ich ausgerechnet einem Taschenkrebs begegnete, schien mir sehr passend, denn auch er ist etwas ganz Besonderes und lebt losgelöst von Ort und Raum in seiner eigenen Welt.

Er haust am Fuße der Dünen, wo er ein tiefes Loch in den Sand gräbt. Im Wasser kann er nicht überleben, ohne Wasser jedoch ebensowenig.

Alle paar Stunden rennt er aus seinem Versteck über den breiten Strand zum Meer, stellt sich an den höchsten Punkt in die Brandung, wo die Wellen gerade eben den Sand berühren, steht seitlich zum Wasser, krallt sich im Sand fest und wartet darauf, daß eine Welle kommt und ihn einmal ganz überspült.

Dann läuft er hastig zu seinem Unterschlupf am Fuße der Dünen zurück.

Freundschaften entstehen nicht von einem Moment zum anderen. Ich wußte, daß wir Zeit brauchen würden, um uns kennenzulernen. Vor allem in Anbetracht der Umstände – er Krebs und ich Vogel.

Ich mußte mich in Geduld üben.

Der Vollmond zeigt sich erst dann, wenn er dazu bereit ist. Der Krebs und ich beobachteten jeder die Bewegungen des anderen. Wir sahen uns gegenseitig zu, Tag für Tag, Monat für Monat.

Die Sonne ging auf und wieder unter, der Mond nahm zu und wieder ab.

Es gab Tage voller Sonnenschein, verregnete Tage, Tage in Wolken und solche mit Nebel. Flut und Ebbe wechselten einander ab. Viel Zeit verging, ehe wir uns einander zum erstenmal vorstellten.

Als ich ihn den Strand entlangrennen sah, begann ich zu singen. Ich sang ein Lied vom endlosen Himmel, der nirgendwo anfängt und ewig reicht.

Ich sang von den großen Wellen – jenen, die weit draußen im Meer entstehen und ihren Weg bis zur Küste finden.

Tag für Tag zollten wir einander stumme Anerkennung.

Dann aber passierte eines Tages etwas, das unsere Freundschaft prägte. Eines nebligen Morgens, als der Krebs gerade seine Kiemen befeuchtet hatte und über den Strand zu seinem Unterschlupf zurückeilte, tauchte hoch droben in der Luft eine Möwe auf. Sie hatte ihn schon entdeckt und kreiste über uns, im Begriff, sich jeden Moment auf ihre Beute zu stürzen.

Ich konnte ja nicht fliegen, deshalb schrie ich und machte einen furchtbaren Lärm, rannte zu dem Krebs hinüber und bewarf ihn wie von Sinnen mit Sand. Die Möwe wurde dadurch so irritiert, daß sie schließlich davonflog, um nach einer Mahlzeit Ausschau zu halten, die leichter zu erbeuten wäre.

Als sie verschwunden war, befreite sich der Taschenkrebs aus dem Schlamassel, das ich angerichtet hatte. Er sah zu mir auf, und ich blickte zu ihm hinunter, und so wurden wir Freunde – wie viele Freundschaften, die aus schlimmen Situationen hervorgehen.

Echte Freundschaft ist wie eine Blume, die sehr langsam wächst.

Seite an Seite standen wir da, als die Ebbe einsetzte. Eine Sandbank tauchte auf, und kleine Wasserlinien liefen hier und da über den seidenweichen Sand. Im seichten Wasser schossen Elritzen hin und her.

Wir betrachteten still dieses Schauspiel, und als die Flut kam, machte sich mein Freund auf den Rückweg zu seiner Düne, und wie sein Beschützer behielt ich ihn im Auge.

Am nächsten Morgen sah ich zu, wie er sich zum Ufer und dann gleich wieder zurückbegab.

Wieder ein paar Tage später standen wir nebeneinander am Rande des Wassers, er seitlich dazu, ich in Betrachtung des Horizontes über dem Meer.

Wir fingen an uns zu unterhalten, und ich erzählte ihm rasch meine Geschichte, meinen Kummer darüber, daß ich nicht mehr fliegen konnte – etwas, das er bereits bemerkt und worüber er sich gewundert hatte.

Ich wollte dieses Geständnis gleich machen, um von vornherein mit offenen Karten zu spielen, und wenn er mich wegen dieser Schwäche ablehnen würde, dann meinetwegen.

Er aber überging diesen Makel einfach und sagte, daß das in Anbetracht anderer Dinge nicht wichtig sei. Mein Freund, der Taschenkrebs, besaß eine außergewöhnliche Weisheit.

„Das Ungewöhnliche ist nur dann ungewöhnlich, wenn man es so betrachtet. Die Dinge sind nie so ungewöhnlich, wie sie uns vorkommen, wenn man sie zum erstenmal sieht", sagte er. „Das Ungewöhnliche ist in Wirklichkeit ein Geschenk mit einer Frage und einer Antwort, die in seinem Inneren verborgen liegt."

Darüber dachte ich ziemlich lange nach. Ich erwog es recht gründlich und stellte mir vor, wie solch eine Antwort ausschauen, was für eine Farbe sie haben könnte.

Der Krebs hörte sich alle meine Geschichten an und sagte dann zu mir: „Du wirst wieder fliegen."

„Woher willst du das wissen?" antwortete ich verwundert.

„Es wird so sein. Du hast die Fähigkeit zu fliegen nicht verloren, du hast sie nur verlegt."

„Wie das?" wollte ich wissen.

„Wenn man etwas verliert, dann bedeutet das, daß es vorbei und verloren ist. Etwas zu verlegen ist völlig anders. Das, was du verlegt hast, ist noch da und nicht weg. Es wiederzufinden heißt, auf Kleinigkeiten zu achten und das zu erkennen, was wirklich wichtig ist."

„Zum Beispiel?"

„Wichtige Dinge. Es ist wichtig, das, was du gesammelt hast, zu sammeln."

„Es ist wichtig, das, was ich gesammelt habe, zu sammeln", wiederholte ich und versuchte, seinem sehr verwirrenden Wortlaut zu folgen. Ich glaube, es ist von Taschenkrebsen zuviel verlangt, die Dinge einfach und

klar zu erklären, vor allem wenn man bedenkt, wie sie seitlich zum Wasser stehen.

„Ja, die Dinge von Bedeutung … großartige Farben, die Vielfalt der Töne, den Wechsel der Gezeiten, das friedliche Geräusch zarter kleiner Wellen, die Melodie der Wogen, die sich am Ufer brechen, den süßen Duft der purpurfarbenen Blume, die Berührung von sanftem Dunst, das Wesen eines einzigen Augenblicks."

„Oh, daran hatte ich gar nicht gedacht", räumte ich ein.

„Und vieles mehr."

„Was noch?"

„Die Träume, die sich aus der Nacht davonschleichen, um das Tageslicht zu finden. Der schönste Traum ist das Mondlicht, das auch bei Tag leuchtet", sagte er ruhig.

An jenem Abend gingen wir beide getrennter Wege, und ich konnte an nichts anderes denken als daran, was er zu mir gesagt hatte.

Ich stand am nächsten Morgen früh auf, um dem Krebs tausendundeine Frage zu stellen. Geduldig wartete ich am Rande des Wassers darauf, daß er sich zeigen würde, aber er kam nicht.

Ich wartete den ganzen Tag und bis in die Nacht hinein, aber er zeigte sich immer noch nicht. Als ich schließlich ringsum von Dunkelheit umgeben war, bekam ich es mit der Angst zu tun.

Mir kam in den Sinn, daß dem seltsamen Freund an meiner Seite etwas Schreckliches passiert sein könnte. Ich stand in den Ausläufern der Brandung und blickte aufs weite Meer hinaus.

Am nächsten Morgen fiel der Nebel über dem Strand ein, und ich versuchte vergeblich, den Krebs auszumachen. Ich konnte nichts sehen bis auf die mich umgebenden grauen Schleier. Der Strand verschwand völlig im Nebel. Es ist wirklich merkwürdig, wie du im einen Augenblick

noch Entfernungen sehen kannst und im nächsten schon überhaupt nichts mehr. Ich fragte mich, ob das, was

man gerade noch gesehen hatte, verschwand, oder ob es immer noch da war, nur eben unsichtbar.

Ich stand ruhig da und wartete ganz einfach. Als die Sonne höher stieg, löste sich der Nebel auf, und der Strand kehrte zurück. Ich spürte die Wärme des Tages, aber sonst nichts. Das Meer hätte zu bedrohlichen Wellenbergen anschwellen und so einen Sturm ankündigen oder auch nur ruhig daliegen und sanfte kleine Wellen bilden können – ich hätte weder das eine noch das andere wahrgenommen, denn ich konzentrierte mich völlig darauf, auf den Taschenkrebs zu warten.

Er kam nicht.

Die Nacht verging, wie auch der nächste Tag und die folgende Nacht. Mit jedem Tag, den ich wartete, wurde meine Hoffnung kleiner.

Die Zeit verging.

Eines Morgens besuchte mich ein Schmetterling. Er sah so aus.

Er sah wirklich prächtig aus, und ich war von seiner Schönheit regelrecht überwältigt. Auf dem hauchdünnen Rand einer Muschel, die ganz in meiner Nähe im Sand lag, ruhte er sich aus.

„Du kannst dich nicht an mich erinnern, oder?" sagte er.

„Kennen wir uns?"

„Ja, wir sind uns schon einmal begegnet, aber du hast es vergessen", sagte der Schmetterling, und es klang ein wenig traurig.

„Oh, ich kann wirklich nicht glauben, daß wir uns schon begegnet sind. An einen so wunderschönen Schmetterling, wie du einer bist, würde ich mich sicher erinnern."

„Ganz bestimmt?" wollte er wissen.

„Ja, ganz bestimmt. Du bist zu schön, um nicht in Erinnerung zu bleiben."

„Mag sein, daß das heute zutrifft, aber vor zwei Wochen, als ich nur eine ungeschickte grüne Raupe war, die langsam über ein braunes Blatt kroch, war ich nicht schön. Damals war ich nicht so ansehnlich wie heute, und doch sind wir uns seinerzeit begegnet und haben uns unterhalten. Du kannst dich nicht daran erinnern,

weil ich nur ein ganz gewöhnliches Insekt war. Jetzt hingegen beachtest du mich, weil ich ein schöner Schmetterling bin."

„Mag sein", sagte ich und versuchte mich daran zu erinnern, wo wir uns begegnet waren.

„Anzunehmen", antwortete er.

„Wie?" fragte ich.

„Anzunehmen, daß du mich gar nicht wahrgenommen hast, als ich noch eine häßliche Raupe war, und daß du mich jetzt wahrnimmst, wo ich so schöne Flügel habe."

„Na gut ... es tut mir wirklich leid."

„Schön zu sein hat auch seine Tücken", sagte er.

„Schon möglich."

„Nur schöne Schmetterlinge werden gefangen, und schöne Vögel werden in den Käfig gesperrt", sagte er, „häßliche Motten landen nicht in einem kleinen Einmachglas."

Ich dachte erst einen Augenblick über seine Worte nach, bevor ich antwortete: „Ja, ich glaube, du hast recht, aber es ist doch auch angenehm, daß es auf der Welt etwas so Schönes gibt", meinte ich.

„Teils schon, teils aber auch nicht."

„Was soll das heißen?" fragte ich ihn.

„Weißt du, darüber habe ich ziemlich viel nachgedacht – und ich bin zu dem Schluß gekommen, daß Schönheit etwas sehr Unbeständiges ist."

„Tatsächlich?"

„Ja. Denn Schönheit ohne das Licht, das sie bescheint, ist ... wie?"

„Schönheit ohne Licht?" wiederholte ich.

„Ja, Schönheit ohne Licht."

„Nun ja ..."

„Nur durch Licht wird eine Sache schön. Man kann nicht wissen, ob etwas schön ist oder nicht, wenn man an einem dunklen Strand ohne Mondlicht steht. Stimmt's?"

„Ja, ich glaube schon", antwortete ich.

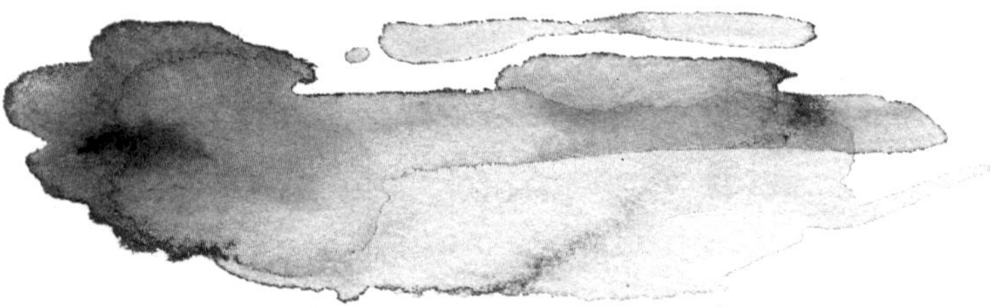

„Dann ist also Schönheit nur dann schön, wenn sie mit Licht einhergeht."

„Darüber habe ich noch nie nachgedacht", gestand ich ihm.

Er wechselte das Thema: „Vielleicht liegt es ja daran, daß Schmetterlinge sowenig Zeit auf der Erde und dabei so viel zu sagen haben … Hast du gewußt, daß es für jedes Lebewesen auf der Erde einen Stern am Himmel gibt?"

„Wie bitte?" Ich versuchte seinem Gedankengang zu folgen.

„Genau, ein Stern für jeden."

„Nein, das habe ich nicht gewußt. Der Stern, dem ich begegnet bin, hat das nicht einmal erwähnt", sagte ich.

„Natürlich nicht. Sterne sind sehr bescheiden."

„Tatsächlich?" wollte ich wissen.

„Ja, wirklich. Sterne sind überaus bescheiden, was ihre Fähigkeiten angeht."

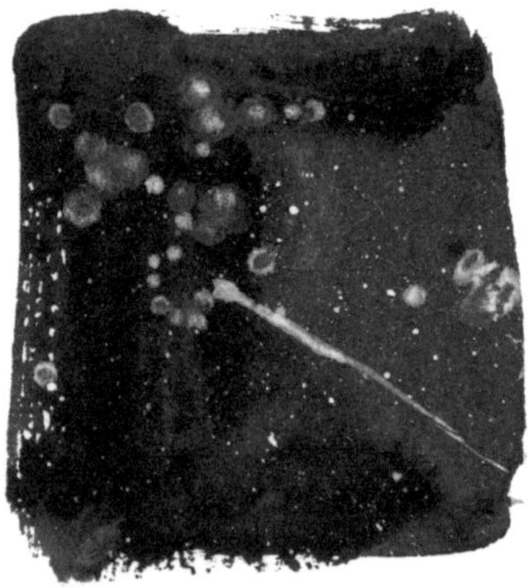

„Was denn für Fähigkeiten?" hakte ich nach.

„Sterne können fast alles tun, was sie wollen. Sie können lange helle Linien am Himmel ziehen, sie können ein ganzes Universum mit ihren Funken erhellen, sie können sich drehen, gleiten, Sprünge machen und mit Geschwindigkeiten reisen, die der Zeit trotzen", antwortete der Schmetterling.

„Darüber habe ich mir noch nie Gedanken gemacht."

„Ja, es ist wirklich erstaunlich, daß wir uns über die Dinge, die direkt vor unserer Nase passieren, überhaupt keine Gedanken machen. Die Sterne sind immer da. Sie sind da, wenn wir sie sehen, und sie sind da, wenn wir sie gerade nicht sehen. Verblüffend, nicht wahr? Sie sind auch dann da, wenn sie nicht da sind. Ganz schön verblüffend", sagte er.

„Ja, stimmt, das ist verblüffend. So wie das Unsichtbare", sagte ich.

„Jetzt bist du auf der richtigen Fährte", meinte er zu mir.

„Ja, vielleicht bin ich das."

„Vielleicht bist du das. – Es war mir ein Vergnügen, mich mit dir zu unterhalten, aber jetzt muß ich weiter. Meine Zeit ist kostbar", sagte er noch, als er aufbrach.

Ich beobachtete ihn, wie er in seiner ganzen Pracht davonflatterte.

Es war nett gewesen, einem Schmetterling zu begegnen, aber ich mußte schließlich immer noch auf den Taschenkrebs warten. Vor mir verschwammen die Augenblicke zu einer harmonischen Mischung aus verschiedenen Träumen. Ich glitt von einem Traum in den nächsten hinüber, und im Lauf der Tage und Nächte wurde mein Dahingleiten immer ruhiger und gelassener. Und schließlich gab es für mich überhaupt keinen Zeitbegriff mehr, und die Träume wurden zu meinen ständigen Begleitern, wie Schatten meiner selbst.

Eines Morgens war die Sonne aufgegangen und beschien den Strand, ohne daß ich es bemerkt hatte. Mein Schatten war an meiner Seite, wie ein guter Freund.

Ich sah mich um, und da stand der Krebs plötzlich neben mir.

„Wie lange bist du schon hier?" fragte ich ihn.

„Noch nicht sehr lange."

„Ich habe darauf gewartet, daß du wiederkommst, und während ich wartete, habe ich beobachtet."

„Ja, und es ist doch wirklich seltsam, was man alles sehen kann, findest du nicht auch?" fragte er.

„Allerdings."

„Hast du die silbernen Pfennige gesehen?" wollte er von mir wissen.

„Die silbernen Pfennige?"

„Ja, die Zeitpfennige, die alles und doch keinen Heller wert sind. Jeder von ihnen ist fern von hier von einem Stern herabgefallen und hat eine Geschichte, die weit in der Vergangenheit liegt und die er mitgebracht hat, damit wir heute Anteil daran nehmen und sie als Geschenk für die Zukunft bewahren können. Jeder Pfennig ist ein Hüter der Zeit", sagte der Taschenkrebs.

„Wirklich", sagte ich und versuchte mir das vorzustellen.

„Ja, wirklich. Sie lassen sich sachte im Wind dahintreiben und gleiten in die Wolken hinein. Sie werden von den hellsten Sternen hervorgebracht, und das zarteste Mondlicht läßt sie wandern. Sie sind wie Wasserfälle aus Mondenschein", sagte er.

„Sie sind hier, um uns daran zu erinnern, daß jeder Augenblick zwischen Sonnenauf- und -untergang seinen unermeßlich großen Wert hat."

„Und wenn ich einen von diesen silbernen Pfennigen fände, könnte ich dann wieder fliegen?" fragte ich ihn.

„Vielleicht", sagte er nur.

Es ist keine leichte Aufgabe, im Sand einen silbernen Pfennig zu finden.

Es ist sogar sehr schwierig.

Es ist schwierig, während eines Wirbelsturms einen zu finden.

Es ist schwierig, einen silbernen Pfennig zu finden, wenn die Sonne sehr hell scheint.

Es ist schwierig, wenn der Wind auffrischt.
Es ist schwierig, einen zu entdecken, wenn es hagelt.

Es ist schwierig, wenn die Flut einsetzt.
Es ist schwierig, wenn ein Blitz am Strand einschlägt.

Bei extremer Kälte ist es schwierig.

Bei großer Hitze auch.

Es ist schwierig, wenn Leute am Strand sind.

Es ist schwierig, wenn gerade viele Hunde am Strand sind.

Oder Schafe.

Oder Schlangen.

Oder Pferde.

Ich machte mich daran, silberne Pfennige zu finden. Ich suchte die Strände und das Ufer danach ab. Bei Nacht betrachtete ich die Sterne und morgens den nebligen Dunst. Ich fand keinerlei Hinweis auf die Silberpfennige, fuhr aber fort, Ausschau nach ihnen zu halten.

Eines Nachmittags beschloß ich, zwischen dem limonengrünen Strandgras zu suchen, und dabei stieß ich ganz zufällig auf eine kleine schwarze Ameise, die ein langes schmales Blatt emporkroch. Sie sah sehr beschäftigt aus, wie allgemein üblich bei Ameisen.

Ich sah sie an, und sie sah mich an. Ich sagte nichts, denn Ameisen sprechen nicht, weil sie nicht zu sprechen brauchen.

Sie sind Denker und Arbeiter, Autodidakten und in hohem Maße organisiert. Und solange sie einen Schatten haben und eine wichtige Aufgabe zu erledigen haben – was anscheinend beides stets der Fall ist –, haben sie keinen Bedarf an einer Unterhaltung.

Sie krabbelte weiter, und ich setzte meine Suche fort. Ich dachte daran, wie schön es doch war, nach etwas Ausschau zu halten, das nichts wert war.

Mir kam in den Sinn, daß die Dinge, die nichts wert waren, mehr Wert besaßen als die Dinge, die etwas wert waren.

Eines Nachts stand ich am Strand und sah zu, wie der Mond einen besonders hellen Stern von Nord nach Süd lenkte. Wie er diesen wunderbaren Stern ganz langsam lenkte. Und während der Stern den dunklen Nachthimmel entlangzog, sah ich, wie er an seinem hinteren Ende sprühende Funken verströmte.

Hunderte von Funken, die wie silberne Pfennige aussahen, waren am Himmel, und ein ganzer Wasserfall aus Pfennigen stürzte herab. Ich rührte mich nicht, sondern wartete, daß er sich wie ein Regen über mir ergießen würde. Aber dazu kam es nicht. Ich wartete und beobachtete, aber das Seltsame an dem Schauspiel war,

daß, ganz gleich, wie gestochen scharf ich die Funken herabrieseln sah, kein einziger jemals den Strand berührte. Keiner. Kein einziger Silberpfennig. Ich wartete die ganze Nacht und wußte selbst nicht, ob ich enttäuscht oder einfach nur erstaunt darüber sein sollte.

Am nächsten Morgen ging die Sonne auf und erwärmte den Sand. Ich harrte immer noch still am Strand aus und beobachtete das Spiel der Wellen. Es dauerte einige Zeit, bis ich bemerkte, daß der Taschenkrebs direkt neben mir stand.

„Ich habe sie gesehen", sagte ich zu ihm.

„Echt?" erwiderte er.

„Ja, ganz ehrlich, aber sie sind nicht zu Boden gefallen. Sie blieben mit den Sternen zusammen am Nachthimmel."

„Sie sind nicht dafür bestimmt, hier niederzugehen."

„Warum?" wollte ich wissen.

„Darum."

„Weswegen denn?"

„Weil die Sterne keine Pfennige zu vergeuden haben. Ihr größter Besitz sind der Mond, die Erde, das Meer und der Himmel."

„Oh", entfuhr es mir, und ich dachte über das Gehörte nach.

Wir standen lange gemeinsam am Strand. Ein leichtes Lüftchen wehte. Langsam ging die Sonne am

Horizont über dem Meer unter. Der Tag glitt in die Nacht hinüber. Die verschiedenen Möglichkeiten für jede einzelne Nacht und jeden einzelnen Tag erschienen mir unendlicher als jemals zuvor. Die kleinste aller Möglichkeiten und die größten Wahrscheinlichkeiten, zusammen an einem Ufer, vor dem großen Universum aus Sternen, Mond und Sonne.

„Wie schön deine Flügel heute aussehen!"

„Flügel?" Ich hatte schon völlig vergessen, daß ich überhaupt welche besaß.

Ich stand auf der kleinen Anhöhe, dort, wo die Küstenlinie den Wellen weicht, die an den Strand plätschern. Ich atmete langsam und tief durch, schlug nur ein einziges Mal mit den Flügeln und glitt dann mühelos hinein in die Brise, die über dem Meer wehte.

Noch einen Augenblick schwebte ich über dem Krebs, dann flog ich hinaus in die Weite über dem grünblauen Meer, dem unendlichen Horizont entgegen.

Ich blickte zurück und sah meinen Freund am Strand stehen.

Er beobachtete mich.

KABEL

Sergio Bambaren
Stella

Ein Weihnachtsmärchen. Mit 10 farbigen Illustrationen von Heinke Both. Aus dem Englischen von Barbara Röhl. 96 Seiten. Gebunden

Jedes Geschöpf hat auf Erden eine Mission zu erfüllen – das ist die Wahrheit, die das Täubchen Stella in der Heiligen Nacht begreift. Von Anfang an ist Stella anders als ihre Eltern und Geschwister, denn statt eines schneeweißen Federkleides schillert ihr Gefieder in allen Farben des Regenbogens. Nur der weise Uhu ahnt, daß Stella eine besondere Rolle zugedacht ist. Und als in einem einfachen Stall in der Ferne ein außergewöhnliches Kind geboren wird, folgt Stella der Stimme ihres Herzens und tritt ihre größte und wichtigste Reise an ...
Sergio Bambarens Bücher, allen voran »Der träumende Delphin«, begeistern die Leser. »Stella«, ein poetisches Bekenntnis zur Nächstenliebe, erzählt voller Wärme davon, was jeder einzelne zu leisten vermag, wenn er an sich selbst und an den Sinn der Schöpfung glaubt. Zauberhafte Illustrationen machen dieses Buch zu einem wunderschönen Weihnachtsgeschenk.

03/1001/01/L